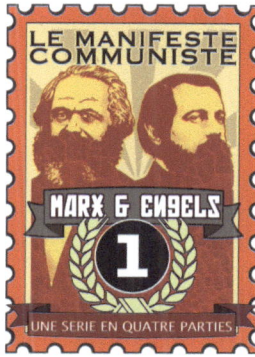

LE MANIFESTE COMMUNISTE

ILLUSTRÉ

CHAPITRE UN: MATÉRIALISME HISTORIQUE

KARL MARX | FRIEDRICH ENGELS

Édité, introduit et
ré-imaginé par: **GEORGE S. RIGAKOS**

Illustré par: **RED VIKTOR**

www.redquillbooks.com

ISBN 978-0-9812807-3-8

⊗ ♻

Printed on acid-free paper. The paper used in this book incorporates post-consumer waste and has not been sourced from endangered old growth forests, forests of exceptional conservation value or the Amazon Basin. Red Quill Books subscribes to a one-book-at-a-time manufacturing process that substantially lessens supply chain waste, reduces greenhouse emissions, and conserves valuable natural resources.

Merci spécial à: **Enroc** Illustrations, Bueno Aires
                       Nicolas Carrier, Carleton University

Catalogage avant publication de Bibliothèque et Archives Canada

Marx, Karl, 1818-1883
Le manifeste communiste (illustré). Chapitre un : matérialisme historique / par Karl Marx et Friedrich Engels ; édité, introduit et ré-imaginé par George S. Rigakos ; illustré par Red Viktor.

Traduction de: Manifest der Kommunistischen Partei.

ISBN 978-0-9812807-3-8

1. Communisme. I. Engels, Friedrich, 1820-1895 II. Rigakos, George S. (George Strates), 1969- III. Viktor, Red IV. Titre.

HX39.5.A225 2010 335.4'22 C2010-904828-8

RQB est une maison d'édition radicale.
Une partie des recettes de la vente de ce livre servira à financer des bourses étudiantes

Introduction de l'éditeur

Le communisme est mort. On a disposé de son corps, vendu ses morceaux comme des souvenirs. « Nous n'avons aucun deuil à faire, devisent dans l'indifférence les puritains. Le vrai communisme n'a jamais existé. - Non! Le communisme a existé! » rétorquent les Trotskystes, pressés de toutes parts. « Le communisme a été réalisé, mais sa vie fut courte, il est mort depuis longtemps. Si seulement la révolution n'avait pas été trahie! - Absurde! » beugle la bourgeoise. « Le communisme était misère, guerre, totalitarisme : bon débarras! » Ils se réjouissent de la mort du communisme, et nous nous joignons à eux. Ils dansent sur la tombe du communisme, et nous dansons avec eux.

Peu importe ce qu'il fut, ce qu'il devint, ce qu'il aurait dû être, nous en sommes tous venus à haïr le communisme. Ou pire : à le prendre en pitié. Quelle déception, quelle tristesse; de si grandes promesses qui nous aurons donné tyrans et meurtriers. Oui, bon débarras.
On est allé jusqu'à prononcer la fin de l'Histoire. « Il n'y a plus rien à voir! Circulez! Retournez au travail! » Il n'y a plus de concurrents. Les murs tombent, des traités sont signés, le capitalisme mondial s'épanouit.

Les décennies passent sans apporter un brin de repos; un fantôme familier se laisse toujours deviner.

Un spectre peine silencieusement dans les champs brûlés par le soleil. Il parcourt des villages dont les places sont poussiéreuses. Il trime dur à des corvées sur les planchers crasseux des usines. Il fouille les ordures dans les ruelles des bidonvilles. Il flotte au-dessus des cubicules dressés en rangs serrés dans les tours à bureaux. Où le capitalisme parade, notre spectre le suit sans faire de bruit. Il s'arrête auprès des aliénés, des pauvres et des exploités. Il est témoin de millions de hurlements silencieux. Et de plus en plus, nous apercevons ce fantôme.

Ce que Marx et Engels ont créé avec Le manifeste communiste n'est rien d'autre qu'une conviction politique inébranlable camouflée par une logique scientifique établissant l'inéluctable. Cela n'est pas une critique; une proportion importante des travaux qui représentent la théorie sociale et politique d'aujourd'hui sont bien peu sincères à l'égard de leurs buts. Le Manifeste l'a toujours été. « Les communistes dédaignent de camoufler leurs opinions et leurs objectifs. Ils affirment ouvertement que leurs objectifs ne peuvent être atteints que par le renversement violent des toutes les conditions sociales existantes. Que les classes dirigeantes tremblent à l'idée d'une révolution communiste. »

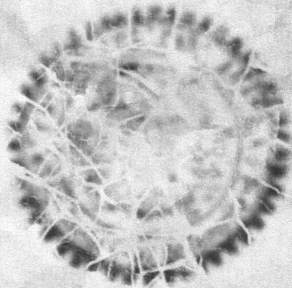

Quel texte romantique. Même ses critiques concèdent que le Manifeste est l'un des travaux les plus importants jamais produit. Il a galvanisé un désir de refaire le monde, recruté des millions de fantassins idéologiques, et transformé à jamais l'histoire humaine. Aujourd'hui, les dix commandements du Manifeste - à l'exception de l'appel à mettre fin à la propriété privée - paraissent difficilement radicaux. Éducation universelle, impôts progressifs, fin du travail des enfants, nationalisations de secteurs-clés de l'économie, tels le transport, les communications et le crédit, améliorer le rendement du sol et de l'agriculture : est-ce que ce sont encore les idéaux de radicaux et de révolutionnaires?

Si Marx a vu juste, alors Hegel encore davantage : peut-être que le communisme ne peut remplacer le capitalisme; peut-être ne peut-il que fournir une antithèse. Le communisme a-t-il été défait, ou a-t-il simplement été supprimé? Comme le communisme a toujours été, d'abord et avant tout, un rêve, un futur, un « spectre », alors peut-être qu'il ne pourra jamais réellement mourir. Il attend seulement sa résurrection. Peut-être est-ce ainsi que l'histoire du communisme débute et se termine; peut-être est-ce ainsi qu'à nouveau elle commencera et prendra fin. Le communisme est mort! Vive le communisme!

Cette édition illustrée du Manifeste utilise les mots de Karl Marx et de Friedrich Engels tels qu'ils ont été publiés à l'origine. Les phrases n'ont pas été modifiées, leur message a été préservé. Mais le texte a été coupé et la structure de présentation altérée. Les quatre chapitres de la version originale du Manifeste ont été réorganisés sous de nouveaux titres. La critique de Marx et Engels à l'encontre des autres écrits « socialistes et communistes », importante mais aujourd'hui obsolète, a été retirée de la présente édition. Un chapitre sur le « matérialisme historique », un terme développé par Engels dans des travaux subséquents, est ici utilisé comme titre pour mieux présenter l'œuvre.

Mais pourquoi une version illustrée? Simplement pour revivifier le texte. Pour le rendre accessible à une nouvelle audience. Pour nous aider à mieux comprendre notre soif innée pour la promesse de meilleurs lendemains, et pour rencontrer à nouveau un pamphlet politique qui aura forgé les fondations idéologiques d'une des époques la plus idéaliste - mais aussi la plus répressive - de l'histoire humaine.

George S. Rigakos
Ottawa, mai 2010

LE CIMETIÈRE DE HIGHGATE, LONDRES ... AUJOURD'HUI

CHAPITRE UN:
MATÉRIALISME HISTORIQUE

L'HISTOIRE DE TOUTE SOCIÉTÉ
JUSQU'À NOS JOURS N'A ÉTÉ QUE
L'HISTOIRE DES LUTTES DE CLASSES.

HOMME LIBRE ET ESCLAVE, PATRICIEN ET PLÉBÉIEN, BARON ET SERF, MAÎTRE DE JURANDE ET COMPAGNON, EN UN MOT OPPRESSEURS ET OPPRIMÉS, EN OPPOSITION CONSTANTE, ONT MENÉ UNE GUERRE ININTERROMPUE, TANTÔT OUVERTE, TANTÔT DISSIMULÉE, UNE GUERRE QUI FINISSAIT TOUJOURS SOIT PAR UNE TRANSFORMATION RÉVOLUTIONNAIRE DE LA SOCIÉTÉ TOUT ENTIÈRE, SOIT PAR LA DESTRUCTION DES DEUX CLASSES EN LUTTE.

UN SPECTRE HANTE L'EUROPE...

... LE SPECTRE DU COMMUNISME. TOUTES LES PUISSANCES DE LA VIEILLE EUROPE SE SONT UNIES EN UNE SAINTE-ALLIANCE POUR TRAQUER CE SPECTRE : LE PAPE ET LE TSAR, METTERNICH ET GUIZOT, LES RADICAUX DE FRANCE ET LES POLICIERS D'ALLEMAGNE.

LA GRANDE INDUSTRIE A CRÉÉ LE MARCHÉ MONDIAL, PRÉPARÉ PAR LA DÉCOUVERTE DE L'AMÉRIQUE. LE MARCHÉ MONDIAL ACCÉLÉRA PRODIGIEUSEMENT LE DÉVELOPPEMENT DU COMMERCE, DE LA NAVIGATION, DES VOIES DE COMMUNICATION. CE DÉVELOPPEMENT RÉAGIT À SON TOUR SUR L'EXTENSION DE L'INDUSTRIE; ET, AU FUR ET À MESURE QUE L'INDUSTRIE, LE COMMERCE, LA NAVIGATION, LES CHEMINS DE FER SE DÉVELOPPAIENT, LA BOURGEOISIE GRANDISSAIT, DÉCUPLANT SES CAPITAUX ET REFOULANT À L'ARRIÈRE-PLAN LES CLASSES LÉGUÉES PAR LE MOYEN ÂGE.

CE BOULEVERSEMENT CONTINUEL DE LA PRODUCTION, CE CONSTANT ÉBRANLEMENT DE TOUT LE SYSTÈME SOCIAL, CETTE AGITATION ET CETTE INSÉCURITÉ PERPÉTUELLE DISTINGUENT L'ÉPOQUE BOURGEOISE DE TOUTES LES PRÉCÉDENTES.

ELLE A CRÉÉ DE TOUT AUTRES MERVEILLES QUE LES PYRAMIDES D'EGYPTE, LES AQUEDUCS ROMAINS, LES CATHÉDRALES GOTHIQUES...

...ELLE A MENÉ À DE TOUT AUTRES EXPÉDITIONS QUE LES INVASIONS ET LES CROISADES.

À LA PLACE DE L'ANCIEN ISOLEMENT DES PROVINCES ET DES NATIONS SE SUFFISANT À ELLES-MÊMES,

SE DÉVELOPPENT DES RELATIONS UNIVERSELLES, UNE INTERDÉPENDANCE UNIVERSELLE DES NATIONS.

TOUS LES LIENS COMPLEXES ET VARIÉS QUI UNISSENT L'HOMME FÉODAL À SES "SUPÉRIEURS NATURELS", ELLE LES A BRISÉS SANS PITIÉ POUR NE LAISSER SUBSISTER D'AUTRE LIEN, ENTRE L'HOMME ET L'HOMME, QUE LE FROID INTÉRÊT, LES DURES EXIGENCES DU "PAIEMENT AU COMPTANT". ... ELLE A FAIT DE LA DIGNITÉ PERSONNELLE UNE SIMPLE VALEUR D'ÉCHANGE; ELLE A SUBSTITUÉ AUX NOMBREUSES LIBERTÉS, SI CHÈREMENT CONQUISES, L'UNIQUE ET IMPITOYABLE LIBERTÉ DU COMMERCE.

EN UN MOT, À LA PLACE DE L'EXPLOITATION QUE MASQUAIENT LES ILLUSIONS RELIGIEUSES ET POLITIQUES, ELLE A MIS UNE EXPLOITATION OUVERTE, ÉHONTÉE, DIRECTE, BRUTALE.

DE MÊME QU'ELLE A SOUMIS LA CAMPAGNE À LA VILLE, LES PAYS BARBARES OU DEMI-BARBARES AUX PAYS CIVILISÉS,

ELLE A SUBORDONNÉ LES PEUPLES DE PAYSANS AUX PEUPLES DE BOURGEOIS, L'ORIENT À L'OCCIDENT.

TOUT CE QUI AVAIT SOLIDITÉ ET PERMA-
NENCE S'EN VA EN FUMÉE, TOUT CE QUI
ÉTAIT SACRÉ EST PROFANE...

...ET LES HOMMES SONT FORCÉS ENFIN D'ENVISAGER LEURS CONDITIONS D'EXISTENCE ET LEURS RAPPORTS RÉCI-PROQUES AVEC DES YEUX DÉSABUSÉS.

CEPENDANT, LE CARACTÈRE DISTINCTIF DE NOTRE ÉPOQUE, DE L'ÉPOQUE DE LA BOURGEOISIE, EST D'AVOIR SIMPLIFIÉ LES ANTAGONISMES DE CLASSES.

LA SOCIÉTÉ SE DIVISE DE PLUS EN DEUX VASTES CAMPS ENNEMIS, EN DEUX GRANDES CLASSES DIAMÉTRALEMENT OPPOSÉES : LA BOURGEOISIE ET LE PROLÉTARIAT.

www.ingramcontent.com/pod-product-compliance
Lightning Source LLC
Chambersburg PA
CBHW060839270326
41933CB00002B/141